De repente, la música

De repente, la música

Poesía musical, paisaje sonoro y silencio

Antología poética
José Manuel Caballero Bonald

Selección e introducción
Ismael Chataigné Gómez

EDITORIAL
UNIVERSIDAD DE SEVILLA

Sevilla 2024

Colección Cultura viva
Núm. 44

Motivo de cubierta: Acuarela *Silla de enea y violonchelo*, José Manuel Caballero Bonald.

Derechos exclusivos de edición en español reservados para todo el mundo:
© Editorial Seix Barral, S.A., 2004, 2011, 2012, 2015
   Avinguda Diagonal 662, 6.ª planta. 08034 Barcelona (España)
   www.seix-barral.es
   www.planetadelibros.com

© Herederos de José Manuel Caballero Bonald 2024

© De la selección e introducción, Ismael Chataigné Gómez 2024

Impreso en papel ecológico
Impreso en España-Printed in Spain

ISBN 978-84-472-2601-6
Depósito Legal: SE 1883-2024

Diseño de cubierta y maquetación: Dosgraphic s.l. (dosgraphic@dosgraphic.es)
Impresión: Podiprint

Yo oigo siempre esa música
que suena en el fondo de todo, más allá;
ella es la que me llama desde el mar,
por la calle, en el sueño.

Juan Ramón Jiménez, *Espacio*

Cuando en el camino hacia la escritura percibimos
un ritmo, una entonación, una nota, algo que es, sin
duda, de naturaleza radicalmente musical,
algo que remite al número y a la armonía,
la escritura ha empezado a formarse.
Escribir exige, ante todo,
del oído una gran acuidad.

José Ángel Valente, *Diario*

ÍNDICE

Introducción 13

1. De repente, la música

Las adivinaciones, 1952

Ceniza son mis labios 27
Transfiguración de lo perdido 28

Pliegos de cordel, 1963

El papel del coro 29
Hilo de Ariadna 31
Salida de humo 33
Fin de trayecto 34
Vidriera fantasmagórica 35

Laberinto de fortuna, 1984

Camafeo, daguerrotipo, partitura 36
La botella vacía se parece a mi alma 37
Adagio molto 38

Diario de Argónida, 1997

Compás de espera 39

Manual de infractores, 2005

De repente, la música 40
Canon 41
Música para perplejos 42

Desaprendizajes, 2015

Música no escrita 43
El que tenía que llegar 44

2. Sagrada quejumbre

Anteo, 1956

Hija serás de nadie 47
Semana santa.. 49
Oficio del hierro 51
Tierra sobre la tierra 53

Entreguerras, 2012

Fragmento del capítulo séptimo 55
Fragmento del capítulo duodécimo................ 57

Desaprendizajes, 2015

Del centro de la piedra 58

3. El límite del signo

Memorias de poco tiempo, 1954

Música de fondo 61

Descrédito del héroe, 1977

Defecto de forma 62

Laberinto de fortuna, 1984

Epístola censoria 63

Manual de infractores, 2005

Atajo del tiempo 64

Desaprendizajes, 2015

Donde cambian de forma los objetos 65
La palabra, todas las palabras 66
Estoy oyendo el límite del signo 67
Quien da nombre a la luz procede
    a desnombrarla............................... 68

4. Un canto alado

Memorias de poco tiempo, 1954

Somos el tiempo que nos queda 71

Pliegos de cordel, 1963

Otra vez en lo oscuro............................... 73

Ágata ojo de gato, 1974

Fragmento.. 74

Descrédito del héroe, 1977

Contribución al noctambulismo................... 75

Diario de Argónida, 1997

Justicia del tiempo 76
Doble filo.. 77
Elogio de la inacción 78
A modo de recompensa 79
Vuelta a empezar 80

Manual de infractores, 2005

Necios contiguos................................. 81
A contratiempo.................................. 82
Viajero de paso 83

La noche no tiene paredes, 2009

Desaprendizaje 84
Leyenda de la realidad 85

Desaprendizajes, 2015

Una pluma canora, un canto alado 86

5. Bordes del silencio

Laberinto de fortuna, 1984

Zephyrum 89

Diario de Argónida, 1997

Soliloquio 90

Manual de infractores, 2005

Ab origine...................................... 91
A silentio vindicare 92

La noche no tiene paredes, 2009

Nadie...   93
Mística poética   94
De repente no hay pájaros.......................   96
Bordes del silencio...............................   97

Entreguerras, 2012

Fragmento del capítulo decimocuarto.............   98

Desaprendizajes, 2015

Alrededor de la rutina............................   99
El silencio que ocupa la palabra 100
Dejemos hablar al viento......................... 101

Bibliografía.................................... **103**

INTRODUCCIÓN

La poesía de José Manuel Caballero Bonald es la memoria latente de los primeros cantores de la noche. Su lucidez inquieta recoge el testigo de aquel primitivo ritual iniciático donde los hombres fraguaron la palabra. En la introspección de sus versos comparece el maravilloso origen sonoro de la existencia, desde el vínculo prenatal con la voz de la madre hasta los ecos más remotos de la naturaleza acústica del universo. La sensibilidad de su sentido del oído condiciona su pensamiento poético, ya que se muestra plenamente seducido por la dimensión musical de las palabras y por su punzante capacidad evocadora. «La música convoca las imágenes / degradadas del tiempo. ¿Dónde / me están llamando, desde qué / penumbra, hacia qué día / me regresan?», rezan los primeros versos de su poema «Transfiguración de lo perdido». En diversos tramos de su obra se interroga sobre la textura esquiva de la enunciación, por el fragor insurrecto de la voz emergente que todavía no es portadora de significados, por aquel «no sé qué que [ya quedara] balbuciendo» en los labios de Juan de la Cruz. En resonancia con los mejores modelos del legado de la tradición de las letras clásicas y modernas, el escritor jerezano instaura su poética en la escucha, dando lugar a un estilo literario en cuyo acorde selecciona y reordena cuidadosamente las palabras. Quizá por eso le guste recordar que la poesía es una mezcla de música y de matemáticas. La profecía autocumplida de Mallarmé: «chaque poète allant, dans son coin, jouer sur une flûte, bien à lui, les airs qu'il lui plaît» (que cada poeta pueda en su retiro tocar con su propia flauta los aires que le gustan). La música pensada como un patrón estético universal, el paraíso perdido de los sonidos, una sensual quimera parapetada a prueba de significados rigurosos y de verdades absolutas en cuyo tamiz sonoro el sabio de Argónida sumerge todas y cada una de sus frases.

El marco crítico de esta recopilación de poemas irrumpe en el desarrollo de la tesis doctoral *Literatura y música en José Manuel Caballero Bonald*, defendida por el autor de estas líneas en 2017. Si las relaciones entre las artes nutren muy particularmente su pensamiento estético, la influencia de la música en su escritura representa una de las principales claves de su poética y es un modelo paradigmático para los modernos estudios músico-literarios. En su dilatada obra existen múltiples alusiones al jazz, a la música barroca de cámara, a la canción de autor, a las músicas del mediterráneo, a la copla, y muy particularmente al flamenco, al que le ha dedicado diversos artículos y ensayos. Sin embargo, los límites de su pensamiento musical van mucho más allá de la presencia de la música en su obra como tema literario y como dominio autónomo del arte. Bajo el influjo de algunos de los movimientos de la tradición más sensibles al uso de un repertorio culto de palabras en armonía con su íntima percepción sonora y su secreta capacidad de evocación, como el barroquismo o el misticismo, y de otros subsecuentes, como el romanticismo, el simbolismo o el surrealismo, contrarios al arte mimético, a la razón, y particularmente maravillados por la exaltación sensorial de la música como un arte no portador de imágenes codificadas, José Manuel Caballero Bonald ahonda en las profundidades del lenguaje sonoro para fundar una palabra poética que se fundamenta sustancialmente en su capacidad sugestiva para insinuar imágenes y emociones inauditas. Para el poeta jerezano, la literatura, al igual que la música, ostenta un poder curativo reservado para el lector sensible dispuesto a bañarse en los ecos alucinatorios de la ficción. Durante el proceso de escritura inicia un diálogo fundado en la delectación en la escucha. Un lento proceso de decantación que remite sin pudor a la experiencia vivida, a la memoria individual y colectiva, y que ya estaba presente en los primeros versos del poema «Ceniza son mis labios», que inaugura sus obras completas y también esta selección: «En su oscuro principio, desde /

su vacilante estirpe, cifra inicial de Dios, / alguien, el hombre, espera». El poeta aguarda en la escucha, decanta las palabras que le asaltan y las reordena atendiendo muy particularmente a sus valores fonéticos y a la cadencia interior del fraseo. En ese proceso de creación vive una experiencia estética donde invoca el carácter sagrado y sanador de las palabras frente a los envites de la brutal realidad. Como detractor acérrimo de la estética nacional-católica y como intelectual de izquierdas, en gran parte de su obra arremete contra las injusticias sociales, el pensamiento dogmático, la candidez de los biempensantes y la falta de espíritu crítico que caracteriza a los contubernios de gregarios. Sin embargo, en su poesía, ningún valor ético se sobrepone a su dimensión estética, a todas luces fundacional. El esmero en la forma, en la musicalidad del fraseo o la alta consideración que le profesa a su lector modelo son de por sí un perspicaz manifiesto contra la barbarie que predica la dignidad del hombre a través de la memoria representada en sus letras. «La literatura es como una carta que el escritor se enviara a sí mismo», suele afirmar. En concordancia con su escepticismo frente a cualquier tipo de verdad absoluta, el mensaje filosófico que porta su escritura se reafirma en la duda como el único asidero para el pensamiento crítico, y recurre a menudo a la ironía y al sentido del humor para denunciar el desapego por la cultura y los abusos de poder. Por ello, desde el punto de vista de la sonoridad del lenguaje, la representación estética del universo canoro –el conjunto de los sonidos, voces y palabras que escuchamos y reproducimos en el espacio psicológico– es, por su aspiración a lo sublime, esencialmente musical, ya que reniega de cualquier tipo de adoctrinamiento moral que se aleje del elogio a la belleza que predica en su obra.

El criterio de selección de los poemas que aquí figuran atiende a la influencia de la música en su obra poética en un sentido muy amplio del término. A lo largo de los doce poemarios que la componen, desde *Las –primeras– adivinaciones* (1952) hasta los últimos *Desaprendizajes* (2015), Caballero Bonald reincide en el uso de múltiples aspectos semánticos y formales que emanan de la estética y del pensamiento musical. Los cinco bloques temáticos en los que se divide esta antología no son más que una ordenación posible de las distintas aproximaciones musicales rastreables en su obra poética y todos están directa o indirectamente emparentados entre sí. Además de destacar uno de los aspectos menos estudiados de su poesía, esta antología pone de relieve el vínculo entre su amor profundo por la música y la importancia del sentido del oído en su poética. Dentro de cada uno de los bloques, los poemas figuran por orden cronológico de aparición. Los epígrafes que encabezan los cinco capítulos han sido extraídos de algunos títulos de poemas o versos inscritos en la propia selección.

Todos los poemas pertenecientes a poemarios anteriores a 2009 han sido extraídos de la edición revisada de su obra poética completa titulada *Somos el tiempo que nos queda* (2011)[1]. El apunte es necesario dado que las variantes redaccionales que se pueden apreciar a lo largo de su extensa trayectoria muestran su particular manera de afrontar el aspecto legatario de su obra y desvelan especialmente sus preferencias sonoras a la hora de orquestar la musicalidad de la palabra en su poesía. Como bien lo demuestra María José Flores en su tesis doctoral *La obra poética de Caballero Bonald y sus variantes*[2], nuestro autor ostenta una tendencia muy marcada a corregirse en cada reedición. A menudo, en consonancia con ciertos postulados surrealistas, en las variantes priman los aspectos sonoros del verbo ante la lógica del relato original, ya que tiende a sustituir una palabra por otra de una sonoridad similar, pero con un significado totalmente opuesto. Los demás poemas pertenecen a sus dos últimos libros, *Entreguerras* (2012) y *Desaprendizajes* (2015)[3].

De entre los más de cincuenta poemas que componen esta antología, en el cuarto bloque temático, de manera excepcional, hemos introducido un fragmento que no proviene de ningún poemario, sino de la novela *Ágata ojo de*

---

1. Caballero Bonald, José Manuel, *Somos el tiempo que nos queda, Obra poética completa (1952-2009)*, Ed. Austral, 2011.

2. Flores, María José, *La obra poética de Caballero Bonald y sus variantes*, Ed. Regional de Extremadura, Mérida, 1999.

3. Ambos publicados en Seix Barral. *Cf.* Bibliografía.

gato (1974), donde los límites genéricos entre poesía y prosa quedan en entredicho. A pesar de haber tenido que descartar, por cuestiones de economía discursiva, otros muchos poemas cuya sonoridad trasluce los ecos de su personal estilo literario, no queríamos dejar de subrayar el protagonismo de la musicalidad de la palabra en el viejo debate genérico sobre las fronteras entre poesía y prosa que atraviesa al conjunto de su obra. Es sabido que, desde un punto de vista formal, la poesía de Caballero Bonald es heredera de la crisis del verso simbolista. La renuncia a la rima y a los patrones métricos líricos tradicionales potencia un despliegue musical interno del fraseo que la acerca ineluctablemente a los géneros en prosa en los que el autor también se ha lustrado. De hecho, los patrones genéricos a los que se acoge su poesía alternan entre el verso libre, el versículo y el poema en prosa. Pero, en ocasiones, tanto en su poesía como en su prosa –si es que finalmente no resultan ser el mismo artefacto–, emplea originales procedimientos de representación gráfica que consiguen exaltar los valores enunciativos y sonoros de las palabras. En el fragmento escogido de la novela, además de escuchar la exuberante belleza sonora de Argónida –la imagen poética del Coto de Doñana y epítome simbólico del mundo que reaparece de manera recurrente en el conjunto de su obra literaria–, y de observar el efecto de su vibración acusmática en Manuela Cipriani, la sibilina protagonista de la novela, descubrimos una musicalidad sintáctica que resuena en no pocos tramos de su obra poética, y muy particularmente en el poemario *Descrédito del héroe* (1977), que escribió de manera simultánea a la novela y donde publicó por primera vez diversos poemas en prosa. No obstante, la original disposición gráfica del fragmento que rescatamos tiene un antecedente en el poema *Somos el tiempo que nos queda* (1954), aunque solo en lo que al uso alterno de las cursivas se refiere. En la novela, estos fragmentos en cursivas y sin signos de puntuación representan la voz de la propia tierra, una voz paralela y simultánea a la voz del narrador. Este tipo de procesos de experimentación gráfica tiende a devolverle a las palabras una textura sonora que remite a su prístina dimensión oral. Se trata de una actitud infractora que parte del conocimiento de la tradición –«La gran literatura la han hecho siempre los desobedientes», suele recordar– que atañe tanto a su poesía como a sus novelas. En fragmentos y poemas donde elige una disposición gráfica escalonada de las pausas versales, el uso de cursivas como marca de la alternancia de las voces del texto o la total supresión de los signos de puntuación, intuimos un sugerente retorno a las cualidades sonoras de la enunciación y la voluntad de encontrar la esencia de la palabra poética más allá de las tradicionales fronteras genéricas entre poesía y prosa. En los textos de esta selección, el jerezano orquesta algunas veces un arreglo polifónico de las voces, un orden sintáctico que brota de un silencio conscientemente representado por espacios en blanco, o que recurre a un ritmo de sucesivos encabalgamientos. Pero siempre a través de una escritura que apela más al oído atento del receptor que a sus manidos reflejos visuales de lector. Un código literario que entronca con las cualidades musicales de la palabra: la sugestión de los significantes frente al relato plano de los significados. Menéndez Pelayo afirmaba que «Cervantes es grande por ser un gran novelista o, lo que es lo mismo, un gran poeta». El ejercicio minimalista, interiorizado, que requiere el tipo de composición poética que estamos introduciendo, sobrepasa los límites genéricos de la escritura. El jerezano no deja de asumirlo en la construcción de un estilo palpable en el conjunto de su obra. Una idea que resume en una premisa universal sobre el arte presente en los últimos versos de su poema *Canon*: «No sin ser deformada / puede la realidad exhibir sus enigmas». O como lo afirmaba en otra ocasión de una manera un tanto más prosaica: «En literatura, lo que no tiende al barroquismo, tiende al periodismo».

En el primero de los bloques temáticos de esta selección, *De repente, la música*, se recoge una serie de poemas donde la música y sus diversos campos semánticos juegan un rol protagonista. José Manuel Caballero Bonald revierte las nociones musicales en un espacio simbólico a menudo asociado a la noche, al erotismo o a la fruición, donde evoca la sensualidad sugerente de la percepción acústica, dialoga con la tradición clásica de la poesía a través de la imagen del canto y recalca la dimensión sonora de la comunicación literaria. La música también es la alegoría de un espacio idílico que resuena en la mente ensimismada del sujeto poético y se manifiesta en los lugares más recónditos: en el interior del vidrio, en las alas de las aves, en las suturas del sueño, en el riego sanguíneo o en los alrededores de la luz. Una atemporal forma de conocimiento que el poeta observa en la propia naturaleza, en el compás de los ciclos vitales, en los instintos animales, en las mareas o en su propia imaginación, y que integra voluntariamente en la construcción de su identidad poética. Tampoco faltan alusiones a músicos como Wagner o a instrumentos como el laúd, el violín o el saxofón, a los que en ocasiones también recubre de un sugerente arbitrio simbólico. Otras veces la música figura como un dominio del arte independiente, aunque contiguo a la pintura o a la poesía, que, como tal, no deja de ser impelido a subvertir la realidad. Sin embargo, en el conjunto de su obra poética, la música es por encima de todo sinónimo de plenitud y de belleza. El último verso del poema que le da título a esta antología contiene un rotundo alegato que conecta con la exaltación vitalista de la existencia contenida en el conjunto de su obra: «El mundo cabe en esa súbita constancia musical de haber vivido».

En la segunda parte, *Sagrada quejumbre*, están compilados el opúsculo *Anteo* (1956) y algunos poemas y fragmentos de resonancias flamencas. El arte flamenco atraviesa sensiblemente la biografía de José Manuel Caballero Bonald y, en las múltiples atenciones que le ha dedicado a lo largo de su trayectoria intelectual y artística, se manifiesta de la mejor manera su ostensible carácter melómano. En su obra ensayística y a lo largo de diversos artículos críticos, se muestra como un precursor perspicaz de los estudios humanísticos en flamenco. En una época en la que los ecos de lo jondo eran denostados por la sociedad civil, realizó una de las más loables labores de compilación etnomusicológica que se hayan llevado a cabo en España: el *Archivo del cante flamenco* (1968), donde están enfrascadas las voces de los últimos herederos de las grandes sagas cantaoras de la baja Andalucía. Además, durante la década de los setenta trabajó como productor musical para el sello *Pauta-Ariola* bajo el seudónimo de Julio Ramentol, donde hizo las labores de productor artístico para algunas de las mejores figuras del panorama flamenco y hasta firmó las letras de algunos discos.

En este apartado reproducimos íntegramente el poemario *Anteo* (1956), al estar considerado como uno de los grandes hitos en la historia de la poesía dedicada al cante jondo. En los cuatro poemas que lo componen, José Manuel Caballero Bonald trasvasa alegóricamente los universos semánticos de cuatro de los palos más arcaicos del repertorio flamenco, con la ayuda de un original lenguaje barroco cargado de simbolismo, que marca las distancias con las grandilocuentes florituras neopopularistas en las que la poesía flamenca venía siendo encorsetada por algunos poetas modernistas y del 27. Es la más breve de sus obras poéticas. En ella enhebra magistralmente la tradición flamenca con el mito grecolatino de Anteo, atando dos vetustos cabos que confluyen en la construcción de una identidad andaluza mestiza, culta, austera y de raigambre precristiana. A través de la comparación del gigante hijo de Gea, que vivía en una isla próxima al estrecho de Gibraltar con la música de los gitanos de la baja Andalucía, también puede intuirse en *Anteo* la mitogénesis de Argónida, ya que vaticina la leyenda inscrita en la citada novela *Ágata ojo de gato* (1974), donde también figuran otros pobladores legítimos de Andalucía, personajes de probable ascendencia mudéjar y vikinga que pueblan la misma tierra por donde anduvieron los argonautas.

El interés por el cante jondo propició un nutrido diálogo intelectual y literario que trascendió a las obras de varios de los miembros del grupo poético del 50 y de la generación de medio siglo, entre los que destacan los poetas José Ángel Valente, Francisco Moreno Galván, Fernando Quiñones, Félix Grande y José María Velázquez-Gaztelu. Precisamente, el último de los poemas de este apartado, «Del centro de la piedra», surge de una conversación con Valente alrededor de una letra por soleá que conecta de alguna subrepticia e insospechada manera con la tradición mística española. Es de recibo subrayar que, en su rol de intelectuales, comprometidos todos ellos, colaboraron en una labor de rescate y dignificación del arte flamenco sin la cual muchas de sus formas cantaoras hubieran quedado sumidas en el olvido.

En la tercera parte, *El límite del signo*, figura una lista de poemas, donde nuestro autor se interroga acerca de las cualidades sonoras de la palabra como manifestación material del valor abstracto y arbitrario del lenguaje verbal, con el que nos aproximamos a la siempre escurridiza noción de realidad. La poesía es aquí una forma de conocimiento que se adentra peligrosamente por las espesuras del verbo hasta desenmascarar el espejo de la extrañeza, anunciada en la contemplación de las palabras a partir de las palabras y más si cabe a través de la escucha de las lenguas que desconocemos. En su órbita poética, la palabra no deja de ser la apariencia musical de una realidad cuyos misterios ocultos apenas intuimos. Por ello, su insinuante plasticidad abona el terreno de lo alucinatorio y debajo de su lógica interna de leyes gramaticales, yace una anárquica y reveladora belleza musical que desborda el terreno de la significación. Así, y de manera coherente, Caballero Bonald esgrime la voluntad de trasgredir el uso cotidiano de las palabras desde el pensamiento lingüístico hasta la frontera que linda con el territorio sensitivo de la sugestión, donde resuena su forma original de grito, de canto, de sollozo, de neologismo. El tono íntimo y meditabundo de estas reflexiones exige del lector una sensibilidad extrema, ya que el discurso metalingüístico se entreteje con la habitual densidad semántica y sonora de su estilo literario. Ante la observación de la distancia insalvable que separa al signo de las ideas, al verbo de la totalidad, en las periódicas autocorrecciones de su obra y en el pulso medido de cada uno de sus versos surge de manera transparente la voluntad de fundar un orden armónico cuyo legado, a falta de poder alcanzar la verdad en la palabra, le rinde un noble tributo a la belleza a través de una elegantísima fijación de sus formas. Un anhelo que él mismo ha llegado a definir como «el imposible oficio de escribir».

En el cuarto apartado, *Un canto alado*, se exhiben algunos poemas donde la sonosfera y el espacio acústico ejercen un efecto gravitatorio predominante en la escritura. En un primer plano, esta propensión tiende a resaltar aún más la importancia de la voz como el canal de comunicación transcrito en el texto y como el instrumento sonoro que promueve la comunicación literaria entre el poeta y el lector. En alguna ocasión llega incluso a exhortarle directamente a escucharla. Al mismo tiempo, en la poesía de Caballero Bonald, el espacio acústico suele estar copado por la evocación del pasado que pasa por esa música grabada en la memoria. El tiempo pretérito recobra vida particularmente a partir del sentido del oído. Los sonidos del mundo moldean con fuerza el espacio psicológico del poema, modulado por una voz holgadamente apostada en la primera persona que acude voluntaria al silencio de la noche para escuchar los ecos de lo vivido. Tal introspección tiende a exhibirse a través de un correlato objetivo que privilegia particularmente la presencia de las imágenes acústicas y que en algunos tramos de su obra favorece concienzudamente la consagración de ciertos espacios legendarios. Para ello, puede valerse de la alusión al rumor cercano de los hielos que se entrechocan en un vaso, de los bramidos lejanos provenientes de Argónida, o de la imagen dc los remotos naufragios que resuenan desde el fondo de las profundidades marinas. Cabe recalcar que José Manuel Caballero Bonald padecía una intolerancia a los ruidos, según cuenta en sus memorias, heredada de su madre. De manera paralela, en su senectud, padeció una isquemia que le provocó una serie de acúfenos que se manifestaban en forma de murmullos y sonidos aparentemente inexistentes, que tuvo una remarcable secuela literaria en la novela *Campo de Agramante* (2005), cuyo protagonista es capaz de presentir los sonidos de su entorno antes de que ocurran realmente. Aunque estos condicionantes físicos no justifican con rigor la exuberante sensualidad sonora de su poesía, que desde el primer poemario viene mostrándose propensa incluso a ciertos pactos con la sinestesia, sí recalcan una tendencia muy contrastada en el conjunto de su obra literaria: la de asomarse al mundo por la ventana de sus oídos y transformar en música todos los elementos que percibe a través de ellos, y todavía, como se observa en el último apartado de esta antología, incluso aquellos que no percibe. A lo largo de su obra, reivindica el don alegórico de la literatura de engendrar el placer sensorial de lo bello a través de la evocación auditiva. Por eso es capaz de detenerse a escuchar esa música allí donde otros pasan de largo.

En el quinto y último bloque aparece una serie de poemas donde el poeta delimita un acercamiento estético, ideológico y espiritual a los *Bordes del silencio* que constriñen los sonidos del mundo. El silencio es el origen y el destino, la antesala de la vida y la convicción de la muerte, el lugar absoluto de la no significación y el limbo universal de donde provienen las palabras. Para un artesano del lenguaje que durante más de setenta años ha venido exprimiendo los recursos léxico-semánticos de la lengua castellana, se postula como una fuente inagotable de inspiración, una fuente sanadora donde son neutralizados los manidos usos de las palabras y los extenuantes antojos verbales en los que se inscribe toda escritura exigente, y de donde nuevamente emana el flujo verbal como un fénix purificado. En los lances más reflexivos e intimistas de su poesía, el silencio reaparece como una vacua esfera interior donde el yo poético acude voluntariamente para poder escucharse y hacer del caos sonoro un lugar armonioso, homogéneo y atemporal. A menudo representa el último bastión donde guarecerse de los mundanales ruidos, una arcadia muda en cuyo espacio sagrado el tiempo adquiere el valor de una tregua. En la imagen que suele proyectar de sí mismo como sujeto poético entregado a la lectura y la escritura, el silencio suele estar representado en la proyección sonora de la página en blanco que alumbra la ordenación aleatoria de las palabras que fijan la sonoridad del poema. «También por omisión se escribe un libro», solía recordar. Por omisión de palabras y, sobre todo, por omisión del silencio. De manera paralela, el jerezano no esconde la influencia de los místicos en su sensibilidad poética, cuya «música callada» escucha de preferencia en los renglones de Miguel de Molinos. El silencio también acapara el espacio sonoro de la ausencia en su constante interpelación a la memoria, donde se manifiestan las voces del pasado y reverberan los ecos de la música del mundo que ya fue.

En última instancia, más allá de su evidente propensión a recrearse en las múltiples connotaciones musicales de los campos semánticos aquí señalados, la música está presente en el conjunto total de su obra, por analogía, a través de la cuidada musicalidad de su escritura. Se trata de una trabajosa y encomiable reivindicación artística: la voluntad de siempre escribir bien, una hondura auditiva manifiesta en la exquisita elaboración de cada uno de los textos que ha publicado, un grado de excelencia en la creación poética palpable en todos los niveles de la estructura del lenguaje, un carácter creador comparable al de un meticuloso compositor musical. Su estilo poético se define por el gusto cultivado en el soniquete barroco de las palabras poco frecuentadas, en la armonía de un fraseo medido en el pulso respiratorio de la enunciación, en los silencios que acompasan la disposición gráfica del poema; renglones en cuya libre catadura silábica resalta la desnudez melodiosa del verbo. En la poesía de José Manuel Caballero Bonald, una palabra doliente de su acostumbrada carga de imágenes y significados se reencuentra con su atávica esencia musical. Una palabra nueva vicaria de su voz cálida y seseante, que preludia en anacrusa el pronunciamiento de esa música que nos asalta, de repente, a la vuelta de cualquiera de sus versos.

I. DE REPENTE, LA MÚSICA

CENIZA SON MIS LABIOS

(*Las adivinaciones*, 1952)

En su oscuro principio, desde
su vacilante estirpe, cifra inicial de Dios,
alguien, el hombre, espera.

Turbador sueño yergue
su noticia opresora ante la furia
original de la que el cuerpo es hecho, ante
su herencia de combate, dando vida
a secretos quemados,
a recónditos signos que aún callaban
y pugnan ya desde un deseo mísero
para emerger hacia canciones,
mudo dolor atónito de un labio,
                              el elegido,
que en cenizas transforma
la interior llama viva de lo humano.

Quizá sólo para luchar acecha,
permanece dormido o silencioso
buscando, besando el terso párpado rosa,
el pecho inextinguible de la muchacha amada,
quizá sólo aguarda combatir
contra esa mansa lágrima que es letra del amor,
contra
        aquella luz aniquiladora
que dentro de él ya duele con su nombre: belleza.

Allí en el torpe sueño todos
los simulacros de la fe consume,
difunde apenas con fugaz certeza,
unitivo rescoldo de sus vivientes brasas.

El tanto el hombre lucha: existe,
traduce la armonía furtiva del azar,
bebe en los borbotones de su tiempo,
se confina en la fiebre donde afloran
su linaje, su origen, su imposible
destino de buscador de Dios,
de elegido que espera,
ahora,
        todavía,
encender la ceniza de sus labios.

TRANSFIGURACIÓN DE LO PERDIDO

(*Las adivinaciones*, 1952)

La música convoca las imágenes
degradadas del tiempo. ¿Dónde
me están llamando, desde qué
penumbra, hacia qué día
me regresan?
          Nada me pertenece
sino aquello que perdí.

Máscara del pasado, la memoria confluye
sobre un fondo difuso de alegrías
donde todo zozobra y se reduce
a nada, donde está mi verdad
haciéndose más crédula.
          Oh transfiguración
de lo que ya no existe, marca
tenaz de lo caduco, cómplice
reclusión de la memoria
que ciñe al tiempo en ráfagas de música.

EL PAPEL DEL CORO

(*Pliegos de cordel*, 1963)

Como la doble hacha, viejo emblema
de muerte, aquí
escribo y recupero en la contraria
hoja las dos manos del signo
de la vida, vierto
gritos sobre papeles, cicatrices
encima de cuchillos.
                    Un escenario triste
devasta la memoria, hoy como ayer
irreparablemente
disfrazada de paz, clamando
todavía con máscaras de guerra,
alzando con coturnos
la estatura falaz del oficiante.

El cómplice proscenio, la convicta
tela de araña del anfiteatro,
los ciegos auditorios, todo
el subrepticio ardid
de la mitología, rigen
el estreno del fraude,
reinventan la tragedia con insignias
de templo y de animal votivo.

En el reducto circular, en torno
al concilio del dios, se instaura
el código de sombras del invicto,
señala a los culpables y los marca
con la magistratura del oráculo.
Vitalicia la trama, entronizada
la calidad de augur del dirigente,
hace su entrada el mandatario,
con sus decretos esparcidos
sobre piedras y piedras y amuletos
de piedra, incorporando
al texto de la farsa
los épicos sufragios del destino.

Beneméritos, sórdidos, rituales,
inquebrantablemente
dispersados entre el fervor
y la estulticia, candorosos

de fe, plausibles de conformidad,
avivan sus inertes tradiciones
los himnos de los coribantes,
intermediarios entre el fango
y el oropel, y cantan,
                              cantan,
cantan del otro lado de la escena,
renegando del tiempo, intercalando
las cláusulas del odio
en la paginación de la esperanza.

Razón del coro, nunca
como ahora más dócil
a las supercherías de la acción, aquí
desentierro la muerte y le devuelvo
el rango de la vida a su papel.

HILO DE ARIADNA

(*Descrédito del héroe*, 1977)

Posiblemente es tarde, pero ¿cómo
poder atestiguarlo
mientras Hortensia canta y no se oye
más que su grito de musgosa
lasciva y alguien
habla con alguien de la conveniencia
de acostarse borracho?
     De repente
se desató la cinta, hurgando
bajo el embozo de la lámpara
por su anhelante cuerpo,
y en lo tenso del vientre vi
la cicatriz, no producida
sino por el rencor contra ella misma
con algún instrumento
preferentemente cortante.

Vaho de alcohólica música te empaña
el esmalte del rostro, Hortensia, dime,
¿hacemos algo aquí que nos impida
quedarnos juntos
hasta que ya no sea tarde?
     En vano
hubiese preferido desasirme, cegarme
en la borrasca, no mirar. Cuerpo feroz
y sin embargo exangüe, desplazaba
sus ya finales contorsiones
al borde de la pista. En vano
hubiese sido huir y no
por reencontrarnos. Pechos
como luciérnagas, tenues, vibrantes
por las cumbres no lácteas, ¿quién
iba a atreverse a interrumpir
su equidistante enemistad, desnudos
como estarían luego en el sopor
del trópico?
    Hortensia, amor mío,
nadie te va a arrastrar si tú no quieres
desesperadamente que lo haga.

Playa de Naxos, la mayor
de las Cícladas, ya a lo lejos
reverberando entre los barracones
del batey y el bullicioso verde
del manglar, difusa ahora
entre otros raudos turnos litorales
donde ni tú ni yo nos conocíamos.
Abandonada por Teseo, ¿ibas
a despeñarte tú, rebelde por instinto
como tu padre negro apaleado
en Key West, Florida?
                Si pudiera
reconstruir un solo
rincón de aquella playa
sin salida posible, si pudiera
volver al sitio aquel, reconocer
la cerrazón de la cabaña, andar
a tientas hasta el último
recodo del silencio, ¿oiría
algo distinto a la fricción
de una piedras con otras, al barrunto
de alguien aproximándose
en lo oscuro? ¿Vería
aún desde allí, ya en el terrado
de Sanlúcar, asiéndome
al parteluz de la ventana, el bulto
azul de los faluchos y, más cerca,
la agitación de las fogatas
que encendían los sigilosos areneros?

Imágenes sin ojos pasan
con más tenacidad que el giro
extenuante del recuerdo. Hortensia,
hija de Minos, no
es tarde todavía, ven, veloces
son las noches que hemos vivido ya:
aún estamos a tiempo
de no querer salir del laberinto.

SALIDA DE HUMO

(*Descrédito del héroe*, 1977)

Si alguien abre
               aunque no
sea nadie quien abra
                  la espantosa
puerta impúdicamente
condenada desde el penúltimo
cataclismo y allí se obstina
en penetrar, ¿podrá sin mengua
de su razón ir rescatando
lo que sabe perdido?
                   Noche
de los inválidos, hendida
como un útero luego del oficio
de volver a nacer, ¿tan pavorosa
va a parecerte ahora cuando
te internas en lo nítido y ves,
no ves, escuchas
                el relieve
tenaz de la música erguido
de pronto frente a ti, tapando
con su humeante espectro
la puerta más posible?

No busques la salida: no has entrado.

FIN DE TRAYECTO

(*Descrédito del héroe*, 1977)

¿Parpadean las luces o eres tú
que me miras a ráfagas, vacilas
tercamente de mi lado y pones
como una intermitencia de cristales
litúrgicos entre el sexo y la música?

Quien aquí vino a hurgar
en la parte más neutra
de la noche, convicto
permanece en su duda, a extramuros
del tiempo, nunca más como cómplice,
sólo esperando ya qué importa qué.

VIDRIERA FANTASMAGÓRICA

(*Descrédito del héroe*, 1977)

Bajo su mano se agazapa un libro
que jamás ha leído y una flor
pavonada de moho y un anillo
signatario también.

Turbias invocaciones canta
mientras rasga su vestidura con impávido
ardor de genuflexa y muestra un vientre
revestido de ojivas espectrales.

Después frota el anillo contra
su traslúcido sexo, guarda
la flor entre las hojas
del estragado libro y se dispone
a amar al contendiente.
                                Era tan libre
que nunca consintió que otro lo fuera.

CAMAFEO, DAGUERROTIPO, PARTITURA

(Laberinto de fortuna, 1984)

Un ángel carininfo, de ademanes policromados, languidece detrás del canapé. Apenas se insinúa entre el impávido tremolar de las alas, mientras arden las manos en los guantes y se va amortiguando la indolente añagaza del piano de cola, el erecto sopor de los atriles. Pasan las horas (o mejor los años) por las alegorías que exhiben los templetes y ya es otra vez la misma música, la misma imperturbable actividad de la carcoma, el mismo apagavelas discurriendo entre los tafetanes melindrosos. Qué taciturno corazón de trapo el del muñeco de la noche. Topa con los tapices la repugnante trompa wagneriana y hay una connivencia de aderezos y blondas llenando de sentido el deformante espejo del pasado. Probablemente es cierto: alguien amó entonces la vida bajo los baldaquinos de los buenos modales.

LA BOTELLA VACÍA SE PARECE A MI ALMA

(*Laberinto de fortuna*, 1984)

Solícito el silencio se desliza por la mesa nocturna, rebasa el irrisorio contenido del vaso. No beberé ya más hasta tan tarde: otra vez soy el tiempo que me queda. Detrás de la penumbra yace un cuerpo desnudo y hay un chorro de música hedionda dilatando las burbujas del vidrio. Tan distante como mi juventud, pernocta entre los muebles el amorfo, el tenaz y oxidado material del deseo. Qué aviso más penúltimo amagando en las puertas, los grifos, las cortinas. Qué terror de repente de los timbres. La botella vacía se parece a mi alma.

ADAGIO MOLTO

(*Laberinto de fortuna*, 1984)

Coágulo de música que inunda las periferias del silencio, con qué alucinatoria nitidez se equivoca de herida. Es posible que entonces una vibrante lengua de laúd lama las ingles y registre la boca del que escucha con gozo la voluble cadencia de la sangre. Si son imaginarios los acordes, también su procedencia es ilusoria. Pues nadie pone en duda que el ahíto, después de recrearse con algún quejumbroso instrumento de cuerda, será sordo al deleite que armoniza los cuerpos. Mas no así quien miró fascinado el musical incendio de Gomorra y prefirió la culpa a la pureza. Un oscuro placer también supone en ciertos casos una impecable oferta de esplendor.

COMPÁS DE ESPERA

(*Diario de Argónida*, 1997)

Relente y musgo que rezuman
las noches primerizas del invierno:
unas volutas mercuriales
revirando hacia el gris entre las discordancias
del frío
      y una obstinada estrofa
de gaviotas poniéndole al paisaje,
en músicos callados contrapuntos,
la armoniosa textura de una antigua emoción.

Vagas siluetas cruzan las estancias
angostas de la bruma,
                mientras la progresión
de la marea parece sugerir
como otro nuevo plazo de apego por la vida.

DE REPENTE, LA MÚSICA

(*Manual de infractores*, 2005)

De repente, la música.
                              Fulgor
inmemorial, emerge de lo absorto
y se estaciona
en estas anhelantes adyacencias
del silencio.
                    En derredor la luz
ocupa los audibles tonos fértiles
de un inmanente gozo sin segundo
y el veredicto de la plenitud
se filtra entre la furia voluptuosa
del saxo.
                 El mundo cabe en esa súbita
constancia musical de haber vivido.

CANON

(*Manual de infractores*, 2005)

Esa argamasa o rémora del arte
que reproduce con fidelidad
malsana los ornamentos vacuos de la vida,
¿conduce a algo distinto al desaliento?

Pinturas, libros, músicas computan
las vagas señas de la realidad, urden
el testimonio de unos hechos
burdos por evidentes,
calcos al fin baldíos de la banalidad.

¿La vida es justamente su apariencia?
¿Nuestra ambición no es más que ese artificio
que emula la obviedad de la memoria?
¿Ya sólo significan las palabras
lo que en los diccionarios significan?

Todo está al fin surtido de facsímiles,
todo hiede a retrato y a remedo.
No sin ser deformada
puede la realidad exhibir sus enigmas.

MÚSICA PARA PERPLEJOS

(*Manual de infractores*, 2005)

Por dentro de esta música declama
una mujer desnuda, flotan
sueños propicios, melodiosas
estratagemas del placer.

De repente, entre un dulce
trastorno de violines, reaparece
la habitación de aquel hotel de Alejandría
donde la oscuridad era igual que un relámpago,
justo cuando la flauta conminaba
a cotejar mejor el valor de la vida.

Acústica del sueño, página codiciosa
que en músicos callados contrapuntos
tramita este poema
y permuta el recuerdo por la perplejidad.

MÚSICA NO ESCRITA

(*Desaprendizajes*, 2015)

Me llegan mitigados los acordes desde un lugar difuso y disuasorio. Son vestigios no más de una especie de perduración de hermosas consonancias, marcas sonoras que se reproducen en algún entrante de la evocación y vuelven a vivir lo ya vivido: una adicción inopinada hurgando en la conciencia, un súbito aldabón retrospectivo que subyace en lo absorto y se restaura con sólo un acicate de repentinas seducciones. La realidad se despedaza y reconstruye en un instante apenas del recuerdo. Regresa así la música a su foco gravitatorio, se transmite en fragmentos que rara vez concuerdan con su origen, pero que van restableciendo en la memoria una unitaria euritmia incontestable. Lo que un día forjó el conocimiento, lo que el tiempo excavó en la esencia portentosa del vivir, queda ahora implantado con la tenacidad de esa armonía que acentúa el sustento de la imaginación. Oh música no escrita, oh cadencia incesante entre cuyos retornos inconexos se articula un canon esencial de la belleza.

EL QUE TENÍA QUE LLEGAR

(*Desaprendizajes*, 2015)

Siento el péndulo respiratorio de la tierra estableciendo como una pulsación de augurios en mitad del vacío. Oh tiempo que restaura las ignotas materias que aún perduran en estado larvario en la memoria, ¿cuándo, por qué se empiezan a reunir las fugitivas fases de ese azar que filtra lo vivido y contrarresta el caos? Desde las infernales hondonadas asciende hacia nacer el linaje de los agoreros, maldita turba indocta que en consecutivos veredictos imputa a los demás sus propias equivocaciones. ¿Reo yo del error que empecinadamente se atribuye a quienes se extravían de ellos mismos, reescriben la historia según sus prioridades y querencias? Amo el jirón del fuego y las imprecisiones musicales y el esplendor complementario que exhibe el lubricán. Amo el aluminio triste del aire portuario y el consultorio de los navegantes que olvidan la potestad de marear. Oigo otra vez la crédula proclama urdida en los cubículos terrestres y sé que allí me perpetúo reencontrándome no conmigo, no a solas con mi sombra, no en ningún aledaño de la adivinación, sino en aquel magnánimo desván de la niñez donde una tarde supe sin ninguna duda que yo sería alguna vez el que ahora soy. Amo el laúd, el lupanar y el mar.

2. SAGRADA QUEJUMBRE

HIJA SERÁS DE NADIE

(*La soleá*)

(*Anteo*, 1956)

Me fui acercando hasta la lúgubre
frontera de la llama, todavía
reciente el maleficio. Dioses
en vez de hombres arrancaban
a la terrestre boca sus rescoldos
de mísera epopeya. Ebria
mejor que loca era la sed,
mientras las jadeantes llaves
del amor, la roja flor del vino,
el nudoso gemir de la madera,
reducían la vida a un estéril
fragor de insurrección.
                              Nunca fue
la omnipotencia concebida
con más proscritos fueros
de humildad. Aquí moría el tiempo
retumbando entre las sometidas
deserciones, fugaz la orilla incrédula
del alma, inmortal su corriente.

Pero la mordedura de lo negro,
¿tú también?, repetía. Toca
mis azotados senos infecundos,
abre el furioso horno del relámpago,
ciega a tu casta en la lujuria
de la estación del hambre, en las sangrientas
volutas del recuerdo, por las roncas
angosturas de un grito. Allí verás
cómo se alza en errabunda cólera
tu propia sumisión. Bebe conmigo
el cuenco de la música, la líquida
maraña del lamento, pérfido
amor tendido en la harapienta
majestad de la noche, menguando el clamoroso
martirio de la luz.
                              Pero la mordedura
de lo negro, ¿tú también?, repetía.
Hija serás de nadie, laberinto
de infamantes asedios, tributaria

humillación del llanto, hija
serás de nadie, soleá tan libérrima
que su arma es su yugo, alimentada
de tierra, engendrada en la tierra,
tanto más alta cuanto más
caída, ¿tú también?, como Anteo.

SEMANA SANTA

(*La saeta*)

(*Anteo*, 1956)

La cruenta memoria donde el sueño
busca su alivio en vano, el pedestal
sangriento de la noche, boca
de los dormidos, calla no más
al borde del sollozo, resonando
como el agua en el odre, ¿quién
despierta?, mientras va la anarquía
del corazón vertiendo su insaciable
razón mortificada.
                  Aquí se agrieta
el mundo, aquí la carne, aquí
el demonio. Lucha, alma mía,
cuerpo mío, demonio mío, lucha
conmigo tú, mi esclavizado
pueblo, reliquia funeral
del enemigo, tal la aciaga tormenta
en la noche beatífica,
cuando el relámpago profana
el cauteloso atrio de los templos.

Batallas son de fe mientras blasfeman
en la sombra, allí los santuarios
portátiles, los cirios, el capuz
insidioso, el rezo entre requiebros.
¿Cómo huir del ludibrio por las calles
nocturnas, a solas bajo el cerco
de las tulipas y los estandartes?
¿Cómo escapar de todos, regresar
a todos y gritar ante ellos
la proclama más crédula, su idioma
acongojado, dardo propiciatorio que degrada
el hueco en que se hunde?
                  En otro tiempo
viví yo mismo aquella idolatrada
trasmisión del prodigio, cuando
hasta la herencia de verdad de un hombre
era tomada como agravios y las hogueras
que regían la fe se propagaban
hasta la misma libertad del justo,

restaurando en sus hijos
el castigo que nunca merecieran.

Pero la dulce efigie, el cándido cordero
del holocausto, en mercenarias
andas de impiedad, fueron testigos
del incauto ofertorio de la noche.
Y el ebrio aroma céreo, la alquilada
carga del penitente, el metálico chorro
de las candelerías, los grumos
del incienso sordamente sahumado,
la tiniebla del coro, iban teniendo
la inercia de una patria migratoria,
mientras la terca púrpura intocable
aún vibraba a la luz de las alegorías
sobre el civilizado rostro de la historia.
Así la voz volvía a guarecerse
en la querella, única habitación
del oprimido labio alucinado,
y en tanto ya que las antorchas
envolvían el oro de crespones lívidos,
la palabra gemía enmascarándose
con el suplicio de lo oscuro, ¿quién
despierta?, haciendo más humana
su sagrada quejumbre, ya triunfante
del solemne ritual de las diademas.

Setenta veces siete, entre sedientos
vítores, inválidas culturas, fue la pompa
rindiendo pleitesía a la indigente
reconstrucción de un grito, divisoria
liturgia invulnerable, urna
de resignada tradición de hastío
desde donde la noche va gestando
su reconciliación con la mañana.

OFICIO DEL HIERRO

(*El martinete*)

(*Anteo*, 1956)

Trágico son como el de cáñamo
bajo la lluvia, el martinete
se golpea a sí mismo, se entrechoca
como el mar con el mar, tiende
su desnudez igual que un lastre
sobre la inconsolable yacija de la noche,
esclavo y errabundo al mismo tiempo
entre la desatada cerrazón de las lágrimas.

Hierro y cristal, la voz crepita
sacrificada al fuego litúrgico
del recuerdo, con sus despedazados
renglones esparcidos
sobre la tierra inhóspita.
                                        Oh sangre
libre, temple de la desolación,
ráfaga del instinto tribal de la pobreza,
allí las férreas brasas ateridas
se conjuran clamando contra nada,
muda razón vociferante.

Verbo lacrado, acorde ya sin música,
sorda verdad de nadie, el grito
se bifurca en gemidos, garfios, grietas
de rítmica tortura, y es en vano
que quiera la palabra ser apenas
el opaco instrumento de la ira,
puro dolor que se rehúsa
a quien con más codicia lo proclama.

Turbión de sueño a la intemperie,
vibra el ornato cruel de su quejumbre,
unce su yugo de cauterio y llaga
sobre un inerme pecho amordazado
y allí se acoge con piedad de huérfano
y allí se ensaña con rencor incauto
la luz del martinete, tenebrosa
región premonitoria del vacío,
atónito refugio, mitológica

fragua del corazón que va entreabriendo
los palpitantes bordes de su herida.

Martillo corporal, su misma fuerza
rompe la vida sobre un yunque lóbrego,
rapto de esclavitud por ser más libre,
donde la voz, igual que la mandrágora,
finge la imagen del espanto
en la raíz esquiva y luego crece
buscando la clemencia, el compasivo
aire, la garganta arrasada,
reuniendo y disgregando en torno suyo
los desgarrones lívidos del miedo.

Solitario está el mundo. Oh ritual
sublevación, primaria herrumbre pura
de la vida, cobre y cuarzo
fundidos, el son del martinete
forja su oficio en la vigilia
funeral de los óxidos, cuando el aciago cuerpo
de la tribulación quiebra su entraña
contra el muñón del tiempo, ebria
la madrugada en la memoria.
                                        Más
que el sueño se parece a la vida: nadie
tan reacio a olvidar como el que canta.

TIERRA SOBRE LA TIERRA

(*La seguiriya*)

(*Anteo*, 1956)

La terrible veta colérica,
fauce voraz que bebe
en nuestro propio pecho su veneno,
es ya un furtivo código, un oscuro
registro de dolor, un sofocante límite
de lo que está detrás de la memoria.

Oh belleza, imposible luna
matinal, que sólo enciende un ascua
gris en el azul inhóspito. Pero
un grito, quizá la contención
más acuciante del espanto, un hondo,
umbrío estertor sin salida, junta
en su trayectoria todo el azar
del mundo, y somos ya lo mismo
que el revés de ese grito,
que el primordial reducto de ese grito,
germen de amor amortiguado
entre sangres que gimen sin sus cuerpos.
Oh belleza, espejo desterrado
en la tiniebla, que sólo deja ver
la adivinada pauta de lo negro.

Como un cautivo fuego, la leyenda
discurre entre las redes
de una ardiente garganta entumecida,
jadeante de rabia y de mordazas,
y chorreando luz por lo más lóbrego,
reúne a golpes insaciables
su armamento de gritos, tránsito
hacia un clamor que ya es de todos,
visionario arrabal de una palabra
ciega, donde la irreparable
comezón de la vida, el vaticinio
de los quebrantos del recuerdo,
las oxidadas llaves de la historia,
rigen, confinan, entretejen
la antigüedad con la inminencia,
juntan el heroísmo y la renuncia.

Sangre en la tierra y en la boca
sangre, la seguiriya hunde
su volcánico lastre en la conciencia
y allí desata el poderío inane
de sus perecederas iracundias,
indómita equidad, injusta mansedumbre
de la más resignada imprecación.

La quebradiza pena surca
el proceloso sueño
pulsado de temibles tiranías,
el hechizo vibrante de lo inmóvil,
la envestida frenética del ángel
del silencio, hasta que la rompiente
musical de la voz, estacionándose
en lo más irredento de la vida, hiende
la espesura del tiempo y se derrama
más allá de la carne y sus fronteras,
mundo sin nadie ya donde se extingue
el recóndito azar de la memoria.

Canto no: tierra sobre la tierra,
sangre en la sangre, augurio
de la sabiduría más primaria, difusa
clarividencia germinal del sueño,
civilizada seguiriya indomable.

FRAGMENTO DEL CAPÍTULO SÉPTIMO

(*Entreguerras*, 2012)

volví a escuchar entonces a los hijos secretos de los
marginados
a los más desunidos de su órbita a los depuestos en los
extrarradios
a los heterodoxos los vencidos los maltratados los
desobedientes
y oí también a la sazón en noches no entendibles no
esperables
las cadencias egregias las remotas quejumbres vagando
lacerando
con sus relieves veleidosos sus mórbidos pulidos
cromatismos
la súbita ondulación del horizonte natural del mundo
la opresiva liberadora omnipresente partícula de dios
ese equilibrio universal del caos entrevisto en estado de
suma beatitud

oí las denodadas músicas entrechocando con
lo absorto
oí la mar curvándose entre velas polícromas maternales
susurros veraniegos
vi alentando en lo oscuro los cuerpos juveniles anudados
por la felicidad
vi los ojos atónitos del persistente niño demorados en la
dulce floresta matutina
y advertí de improviso que era llegado el tiempo en que la
merma del futuro
consistía en no oír no mirar no afrontar lo mortal lo
irrevocable
no desdecirte nunca de aquel que un día descreyó de la
luz demasiada
saber que ya no puedes sino esperar que el porvenir se
acabe
que invierta al fin la vida sus últimos quebrantos en
consentir la nada

y dónde estabas tú mientras las músicas terribles
trastocaban
los estatutos del recuerdo absorbían la sed la soledad la
desazón

abriendo de repente un hueco al filo de los negros
    calambres sensoriales
la desmesura del quejido de no se sabe qué voraces
    indómitas querencias
mientras un desamor a fuego lento iba cubriendo
    propiamente de arañazos
los anhelantes belicosos cuerpos que en el voluble sur
    yacían
justo allí donde su oscuridad su luz son bellezas iguales
ya cuando ciertos abominables fámulos impedían los
    trabajos de la veracidad
y los abanderados del sollozo se iban descomponiendo
    como enjambres
por ese descampado en que la vida le disputa sus bazas a
    la muerte

FRAGMENTO DEL CAPÍTULO DUODÉCIMO

(*Entreguerras*, 2012)

llegué una noche al límite arterial de un tiempo donde
    aún era posible
la conexión con gentes zaheridas abatidas con decoro de
    apátridas
aquella fascinante ceremoniosa manera de sacar a flote la
    intimidad
a través de una quejumbre oriunda de la más neta
    sabiduría de la sangre
y no transcrita nunca en ningún pentagrama
a no ser que se hiciera con la onomástica deflagración de
    un grito

gentes olvidadizas enigmáticas gentes de migratorios
    contrapuntos
depositarias fortuitas de una arcana aleación de metales
    comunicativos
conservada por siglos en la indocta heredad de unos seres
    erráticos
y transmitida luego a través de las impedimentas de la
    tradición oral
hasta quién sabe cuándo y además qué importa
pero que todavía irrumpe en ciertas clamorosas infaustas
    hondonadas
por las que se precipitan musicalmente las tribulaciones
    de lo irrecordable

alguien ascendió entonces hasta las cumbreras de la
    mitología
y allí se unió a la casta de los omnipotentes Anteo Casandra
    Dédalo Ariadna
y allí excavó en la tierra que le asignó el oráculo
hasta que oyó los lentos animales de la noche el roce
    hirsuto de la fronda
y supo que era llegado el tiempo de acceder a la espesura
    prodigiosa
de aquella melodía que estaba contagiándose de muchas
    clases de bellezas
mientras iba la voz abriéndose camino como un topo
    sollozante
por las duras estoicas estancias de una casa
de la que ya habían sido sagazmente excluidos
    impostores y párvulos

DEL CENTRO DE LA PIEDRA[4]

(*Desaprendizajes*, 2015)

Del centro de la piedra brota el manantial del tiempo. Quien lo ha visto fluir sabe de lo que hablo. La piedra es una densa perduración de la materia, sobrevive a su propio acabamiento, se afianza en las unánimes cicatrices de la realidad. A veces rueda desde una cumbre ignara y a veces se guarece en los unánimes estuches de la tierra. Aire libre o perpetua cerrazón, el tiempo mana de la piedra con una recurrente constancia rotatoria. Aguas marchitas, años truncos, el flujo del vivir transita hacia la nada, se eterniza en el centro y pacta finalmente con su propio extravío, no importa si por medio de heridas sin cerrar o a través de barruntos de estatuas mutiladas. Oh piedra perdurable, oh lenta piedra estática que reencuentra de nuevo su matriz, ¿en qué errante, en qué inmóvil urdimbre de la imaginación se fusionan lo disperso y lo junto y configuran la justicia mineral del tiempo?

---

4. En propio autor aclara en las notas anexas al poemario *Desaprendizajes* (2015), de donde extraemos este poema, lo siguiente: «Mantuve durante años con José Ángel Valente una reiterada conversación a propósito del cante flamenco. La letra de *soleá* que empieza "Fui piedra y perdí mi centro", asociada a una imagen de Juan de la Cruz –"la piedra se va más llegando a su centro"–, propició que Valente eligiera *La piedra y el centro* como título de un libro suyo de ensayos (Taurus, 1982). El eje reflexivo de este poema también responde a parecidas solicitudes teóricas».

3. EL LÍMITE DEL SIGNO

MÚSICA DE FONDO

(*Memorias de poco tiempo*, 1954)

Llega el momento de decir la palabra
y se la deja caer, se la apremia
a transitar entre los labios,
anclada ya en sus límites de tiempo.
La palabra se funda a ella misma, suena
allá en la soledad de quien la dice
y puja poco a poco hasta nacer
y antes es nada y sólo una ansiedad
la hace constancia de algo irrepetible.

Súbitamente esa palabra aumenta
el vértigo ritual de la memoria,
boga sobre los hombres que la escuchan,
gira anhelante entre vislumbres
y se alza más y más y se estaciona, pule
sus bordes balbucidos, se nivela entre sueños.

Después inicia su holocausto.
Función de amor o de vileza,
la palabra se gasta en la espesura,
puebla sus márgenes de brozas,
se torna vana, amago de un aliento,
oscuridad final y sin sentido.

Está cayendo ya hecha pedazos.
Rescoldos fugitivos, restos
de fuegos ilusorios, flota y flota
sobre las intenciones preteridas,
entre el silencio de las conjeturas.

Es nada la palabra que se dijo
(no importa que se escriba para
querer salvarla), es nada y lo fue todo:
la música del mundo y su apariencia.

DEFECTO DE FORMA

(Descrédito del héroe, 1977)

El generador de sospechas suele transmitir sus informes después de haber sido programado de acuerdo con un código de señales preferentemente irracional. Se instala entonces frente a una escombrera de indicios y elige (en la emborronada hegemonía del insomnio, por lo común) aquellos que sólo poseen un valor abstracto de música en trance de consumir sus últimos residuos de credibilidad. Aparentemente no se percibe en la sintaxis del generador más que una irrisoria equivalencia con determinados objetos en cuya aberrante promiscuidad convive. Pero algo se altera de improviso, coincidiendo las más de las veces con algún espasmo fonético: la coherencia del discurso experimenta entonces una cierta inclinación al automatismo. De modo que mientras cunde la caótica caligrafía del sueño, empieza a concretarse tácitamente un nuevo itinerario por los laberintos mitológicos de la realidad. Parece innecesario añadir que el generador de sospechas emite, con no inusual contumacia, falsas informaciones.

EPÍSTOLA CENSORIA

(*Laberinto de fortuna*, 1984)

Te escribo en una esquina de la mesa más árida y dudo mientras lo hago de que le escriba a nadie. Mano que apaciguaba los papeles, las pugnas, los cansancios, ¿de qué me sirve ya sino de impedimento? Evoco al que no he sido todavía: oigo a ese intruso registrando un desván donde no estuve nunca. Qué sonido más agrio, hecho de disonantes rimeros del desuso y tan de veras espantoso como la palabra familia pronunciada por el último esbirro de la noche. No te escribo ya nunca: tendría que callarme para hacerlo. Soy aquel que recela de pronto que en absoluto tiene tradición.

ATAJO DEL TIEMPO

(*Manual de infractores*, 2005)

Sedienta luz calcárea
que repta entre Damasco y Almalula,
la miel solar vertiéndose
por las junturas del adobe
y el brusco ardor del aire
arrastrando rastrojos entre ruinas,
mientras llegas,
               no llegas
                    a un chamizo
de polvorientos anaqueles, restos
de guarnicionerías y divanes
de ajada piel de cabra, dulces
andrajos de un linaje de príncipes,
y oyes de pronto el torrencial acorde
del arameo, único aduar del mundo
(te dijeron)
donde gentes de venerables rostros
y túnicas hendidas como llagas
hablan aún la lengua que habló Cristo,
en tanto que la trama del aire predecía
ese atajo del tiempo en que se aloja
la palabra matriz de las palabras.

DONDE CAMBIAN DE FORMA LOS OBJETOS

(*Desaprendizajes*, 2015)

Durante el duermevela, en ese interregno que fluye entre dos hendeduras de la realidad, redacto largos textos portentosos, escrituras inusitadas que se asocian a otras semejantes que se coaligan a su vez con otras de índole similar y así hasta el punto cero de la percepción. No se trata por tanto de sueños indistintos, sino de representaciones secretas de la vida que van más allá de su propia limitación y conectan con los arcanos de lo real. Algunas veces, ese lenguaje fronterizo se atasca en sus equívocas gramáticas, afecta justamente a la escritura habitual, mas no por ello se paraliza la elaboración de un correlato enaltecido por la carencia insinuante de lógica. Las palabras poseen ya un ingrediente alucinatorio, no responden a sus significantes, pero ensanchan prodigiosamente las fisuras por donde amaga el artefacto revelador. Su sentido consiste en su entonación, su ritmo, su dilación sustentadora. Esa resonancia general absorbe todos los restantes mecanismos de la comprensión, mientras la trama se restringe a unos pocos atisbos cuya soldadura discurre en la cota de la oscuridad, allí donde cambian de forma los objetos. ¿Recordaré, recordarás esa luminaria imaginativa cuando acabe la noche? Ningún fervor más incitante que el de esa gestación comúnmente lastrada por las usurpaciones del olvido.

LA PALABRA, TODAS LAS PALABRAS

(*Desaprendizajes*, 2015)

A veces, en los lentos derrumbes sensitivos del insomnio, escucho el ruido que hacen las palabras juntándose para crear la gran palabra, la que decanta a las demás y las contiene y vivifica en una misma órbita de significaciones. Es una agotadora, metódica, inflexible actividad perpetrada en lo más furtivo de la noche expectante. Esa palabra ocupa una extensión inmensurable dentro de los idiomas conocidos y su entendimiento desborda la capacidad semiótica del pensar. Asume en fases varias la totalidad de los recursos imaginativos, de manera que resulta inviable suplirlos con acepciones tributarias de la realidad. Quienes argumentan que el nombre de Dios está formado por todas las letras del alfabeto, también están refiriéndose alegóricamente a esa palabra que concierne a todas las restantes palabras capaces de dar nombre a las cosas. La idea de Dios vuelve a ser en este caso el vínculo entre el verbo y la totalidad.

ESTOY OYENDO EL LÍMITE DEL SIGNO

(*Desaprendizajes*, 2015)

Penetra, excava en las palabras, trasgrede los sonidos, pugna con ellos como si fueran elementos volátiles desanudados de su yacimiento natural. Absueltas de su origen, son palabras que ya no volverán nunca a su origen, se han replegado al terminal reducto de un lenguaje que circunda lo abstracto para aproximarse a una forma unitiva de iluminación. La mudanza de los significantes confluye en la desorbitada representación del signo. Ya están los almanaques estragados en mitad de la noche, ya está la vida en vilo juntamente. Y ahí prorrumpe el cante sustentado con garfios y clavijas, elevando su potencia sollozante por medio de segmentos consoladores, equilibrando el brusco proceso de una situación límite que coincide con la totalidad sensitiva del grito. Las voces no son ya sino envolturas volubles de la voz, las músicas apenas comparecen en la emisión suprema de la música. ¿Se acuerda propiamente quien canta de lo que ha vivido? Y si se acuerda ¿elige los candentes desgarros sensoriales para armonizar la difícil quejumbre? Es un quehacer sutil, farragoso, irrestricto, enaltecido por la angustiosa conjetura de una remota sangre que vuelve a ser sangre reciente. Y ya no hay más que un trémulo boquete abierto en lontananza, de repente surcado de innumerables grietas que tienden a la saturación del centro. Para olvidarlo todo hay que empezar por evocarlo todo. Del abstruso entramado verbal brota el resplandor de un orden: la formulación oscura de la luz.

QUIEN DA NOMBRE A LA LUZ PROCEDE A DESNOMBRARLA

(*Desaprendizajes*, 2015)

¿Se esconde en la memoria el absoluto nombre que nadie ha sido nunca capaz de pronunciar? ¿Se esconde en la memoria o es quizá un traslaticio silabario que empieza a disiparse al tiempo que se acerca? No siempre las palabras secundan con fidelidad suficiente la percepción de lo nombrado. Todo lo que se dice en ningún caso prueba su semejanza con lo dicho; todo lo que se omite no necesariamente es consecuencia de lo que se calla. Coinciden en lo equívoco las voces que los glosarios enumeran por su orden entre deslindes cerradizos y gramáticas pobres de la opacidad. Son las mismas que surcan de repente la habitación donde me asilo, el papel que me mira, la significación hablante de la mesa, ese otro lado de la luz, su lado más secreto que ya no podrá nunca ser nombrado porque es lo contrario del nombre. Y qué es lo que se escucha en derredor sino el litigio entre el signo y la idea, qué sino el permutante auxilio del silencio, la sigilosa reticencia verbal que acalla los disturbios del lenguaje y hace aún más tupida la sombra advenediza de los abecedarios. Quien da nombre a la luz procede a desnombrarla.

4. UN CANTO ALADO

SOMOS EL TIEMPO QUE NOS QUEDA

(*Memorias de poco tiempo*, 1954)

Ligeramente entumecida
pero entreabierta con decoro,
entró la boca en el litigio
de la precaria intimidad.
Iban reptando las parejas
que se apiñaban en lo oscuro:
no se miraban, se sumían
en un reclamo de sudores,
se convertían en secuaces
de la penumbra exasperada.
Como un furtivo postulado
brilló el mechero de los cómplices.

No te preocupes, no me he ido,
¿cómo iba a irme sin saber?
Somos el tiempo que nos queda.

Y ya los cuerpos se anudaban
bajo el velón de la cornisa,
sin entender con qué argumentos
rebasarían la ansiedad.
Era una esquirla el clarinete,
un estertor de la armonía.

Toda la noche resonando
como una sábana en tus pechos,
toda la noche entre emboscadas
buscando llaves que no abrían.

Chorros de gritos tan vehementes
que entrechocaban con los vasos
iban tiñendo de lujuria
los cortinajes y butacas.
Entre el estruendo de los líquidos
unas caderas rebullían
como adosadas a la piel
prostituida del tambor.

Mira qué prendas, qué proclamas
de enloquecida libertad.
Habla más alto, no se escucha
más que el furor de los licores.

Todo está lleno de luciérnagas
y de insufribles fumarolas
todo parece confiscado
por los que nunca saben nada.

Pero la boca ya ofrecía
sus rezumantes terciopelos,
boca promiscua, intercalada
de jugos ávidos y esguinces.
Está arañada de jadeos,
no se parece a las demás.
No se parece, no es mentira.
¿Quién la absorbía en la tiniebla
acumulando sus dispendios,
ya amordazándola, ya hurgándola
por sus más trémulas esponjas?
Pisando vidrios, vomitando
flecos de hierbas y de músicas,
llegaron nuevas avalanchas
de extenuados oficiantes.
Era la hora del suicidio
y algunos miembros de la secta
se desnudaron en la sala
con jactanciosa placidez.

¿Cómo evitar el simulacro?
¿Cómo vivir sin desvivirnos?
Surcan los días por tu vientre.
Somos el tiempo que nos queda.

OTRA VEZ EN LO OSCURO

(*Pliegos de cordel*, 1963)

A veces, en la turbia
galería del sueño, encendía
la luz y me quedaba
oyendo los ruidos
de la noche: el treno
de la ronda, el gotear
del grifo, la doméstica
respiración y como un vago
acicate de vida
en la madera.
                    Trascendía
la casa a los durmientes
y todo era un recluso
depósito de miedo entre las sábanas.

Pedía de beber por no sentirme
solo, quizá por parecerme
al acecho de alguien,
porque el roce de un cuerpo
me desvelara de vivir.

Y otra vez en lo oscuro, iba
rastreando los pasos
de la calle, respiraba
el agrio hedor a cuero
del calzado reciente,
la sinuosa urdimbre
del almagre, el impreciso vaho
del tragaluz.
                    Dormía
vigilando las sombras,
la rebelión de gérmenes
del sueño, entumeciéndome
de fe, como esperando
desde el rincón de reo de mi infancia
que fuese libre para despertar.

FRAGMENTO

(*Ágata ojo de gato*, 1974)

Y en eso notó sin saberlo que de allí brotaba como una vidriosa copia de la actividad nocturna de la fauna alojada en la breña

un bramido agónico de gamezno alucinado por el ojo homicida del gato cerval un grito de grulla que avisa del horrendo combate de la mangosta y el culebrón lagunero un graznar de ánsares sorprendidos en sus dormitorios por el husmo de la raposa un vacío rebosante de luchas y huidas y apareamientos y hambres y hartazgos y descomposiciones

y aunque Manuela no llegara a asimilar más que el cotidiano amasijo de toda aquella zoológica saturación, algo nuevo (que venía de esas cavernas a la vez pútridas y lozanas de la noche) la liberó en parte de su letargo y sintió más que nunca la ávida sanguijuela del relente chupándole las carnes y acobardándola en los repliegues de su indigencia.

CONTRIBUCIÓN AL NOCTAMBULISMO

(*Descrédito del héroe*, 1977)

Algunas noches siento ruidos tercamente
improbables, los siento a intervalos isócronos,
como si hubiese estado oyéndolos
antes de producirse. Tal vez pueda ocurrir

que haya leído a Beckett entre una basculante
avalancha de espumas, fumarolas, estruendos,
estertores de gentes que tropiezan conmigo, irrumpen
en los desvanes de la noche. O también es posible

que me estén esperando desde el último otoño
en Fitzwilliam Square y todas las ventanas de Dublín
se abran mirando a Elaine entre una subalterna
algarabía de gaviotas, iracundos galopes

de caballos. Pero mientras acudo, cómo siguen
quejándose los goznes de esta página que cae
en su trayecto y cae en su trayecto, sometida
al insaciable azar de la siguiente.

Una memoria extraviada pasa: el tantas veces trémulo
arañazo benigno de la pluma, la ululante patraña
del papel. Me levanto a escuchar: es ya de día.
No me levanto: muge la noche por la habitación.

JUSTICIA DEL TIEMPO

(*Diario de Argónida*, 1997)

La araucaria que crece
en el jardín, aloja
entre sus lentas
                    gradas
                            basculantes
un tropel bullicioso de pájaros
oriundos de Argónida.

Huéspedes obstinados, comparecen
cada mañana bajo un cielo
incoloro
            y dejan en las vecindades
resplandecientes de la playa
el sonido del tiempo y su justicia.

DOBLE FILO

(*Diario de Argónida*, 1997)

Perdí la juventud como las ondas
concéntricas se pierden en la cara del agua
cuando cae una piedra.
                              Es cierto:
la he perdido.
                         Retornan vagamente
las secuencias que entonces eran ya conjeturas
de recuerdos: ese trasiego
obstinado de sitios, emociones,
cuerpos, arboladuras, libros
que intempestivamente
van cayendo y cayendo
hacia el fondo implacable de unos días
que avalan de continuo su extinción.

No los veo caer: sólo los oigo.
Ya el tiempo acecha
como una errata al borde de una página en blanco.

ELOGIO DE LA INACCIÓN

(*Diario de Argónida*, 1997)

El paso de los años suele hacer un ruido
desapacible, bronco, de colisión
de herrumbres, de trasiegos fabriles
y como de asamblea
de pedregosos contertulios.
                          Ya
sin disfraces, va amontonando el tiempo
sus muchos desperdicios
en un fértil reducto de la imaginación
rebosante de fiebres, apegos clandestinos,
conspiraciones, curas de reposo,
nocturnidades: esa historia común
que empecinadamente arrastra
un ensordecedor rimero de fetiches.

Hoy ya todo sosiega: apenas se oye
el rumor marginal de la desidia.
Y es como si de pronto el tiempo se internara
por un renuente atajo del recuerdo:
llega tarde a la cita que tenía conmigo.

A MODO DE RECOMPENSA

(*Diario de Argónida*, 1997)

Oigo a veces, en sigilosas noches
otoñales, una oblicua graduación de bramidos
proveniente de Argónida.
                  Es como un rastro
agreste de hermosura y pavor, como una súbita
concentración de alimañas que bullen
en sus madrigueras y surcan cada día
los áureos aposentos litorales.

No sé a qué confidencias remiten esas voces
pero, juntas, atañen a mi vida.
                    Llegan
hasta el vértice neto de los sueños
y allí transmiten sus informaciones
a quien procede del insomnio y sabe
que siempre y sin remedio
oirá hablar a la noche en medio de la noche.

VUELTA A EMPEZAR

(*Diario de Argónida*, 1997)

En los azules huecos de la noche,
cuando arrecia el poniente y las montantes
de la marea llegan hasta los últimos navazos,
se oye como una música de rosadas auras
viniendo de las dunas hasta aquí.

Pájaro jubiloso, oigo otra vez la voz
de un niño atónito que acude
por esos intersticios
amedrentados de la evocación y vuelve
a transitar a solas por los mismos ensueños.

Lo oigo alentar al otro lado
de la pared, es decir,
                          al otro lado del mundo.
¿Qué puedo yo decirle que no sea en vano
después de tanto tiempo?

El pasado que viene
nunca será ya el mismo que el que acaba de irse.

NECIOS CONTIGUOS

(*Manual de infractores*, 2005)

Abstemios y locuaces viven juntos
en la casa de la infelicidad.
Allí reciben con asiduo encono
a gentes ambidextras, adiestradas
en los arduos oficios
de la majadería, ya en los siempre viscosos
reductos de los biempensantes.
                                        A chorros
vociferan, declaman,
abominan de rango de infractores, gustan
del sonsonete atroz de las tertulias,
consisten en ser sólo lo que son:
el eco triste de otros tristes ecos.

Escrito está en los márgenes
de libros y botellas:
los necios se asesoran de otros necios contiguos.

A CONTRATIEMPO

(*Manual de infractores*, 2005)

Las sábanas de anoche, sus sonoras,
sus húmedas arrugas, ¿a qué sueño
remiten, siguen cubriendo todavía
tantos jadeantes flecos de desgana,
la pesadumbre de los cuerpos
apenas ya reconocibles?

No despiertes aún, nunca despiertes
si no has ido esquivando mientras amanecía
los profusos gerundios del amor.

Portadora de sábanas, la vida
se amotina en la alcoba y gime
como el gozne oxidado de una puerta.

VIAJERO DE PASO

(*Manual de infractores*, 2005)

En las habitaciones de los broncos, obtusos
hoteles estivales
hay siempre un remanente de amenazas
enmascarado entre los utensilios
de la noche.
            Implacables
ocurren los ruidos por dentro de los muros:
unos pasos erráticos que atruenan
en los techos tan fúnebres,
una voz de guarida trabada en el armario,
un estruendo de aguas desplomándose
por las acongojantes cañerías,
                            mientras
la oscuridad imprime
como un brillo de tea en la almohada.

¿Con qué sombras pernocto, quién
me defenderá de esos intrusos
que transfieren su inquina al hospedado?

Más que nunca la vida
se vuelve aquí provisional y huraña.

DESAPRENDIZAJE

(*La noche no tiene paredes*, 2009)

El ruido del hielo contra el cristal
del vaso reproduce una flagrante
continuidad de indicios
taciturnos, de recuerdos
que los días han ido malgastando
entre remisas decepciones.
                                        ¿Qué zona
es la más vana, más baldía
de todas las que ocupan los espacios
nocturnos del no tiempo?
                                        Entrechoca la vida
como el hielo en el vaso y allí mismo
perdura entre los interludios
de la claudicación, ni siquiera muy bronco,
el eco funeral de la memoria.

¡Cuánto he desaprendido desde entonces!

(*Ángel González*)

LEYENDA DE LA REALIDAD

(*La noche no tiene paredes*, 2009)

Me está mirando el mar desde el confín sedoso
de Sanlúcar.
                    Todo el tiempo me mira, guarecido
entre el muelle pesquero, las salinas
azules de la Algaida y la sagrada
demarcación de Argónida.
                              Allí está él, indemne
y sucesivo, y allí está también ella,
la dulce, la inclemente
y gemebunda, la dotada de cárceles, la esquiva
con su propio pasado lujosísimo.

Más allá del fecundo
rango de la marea, oigo las naves trasegando
en las fosas del cieno, oigo los gritos
de la marinería, los toros mitológicos, la hazaña
más gozosa, más libre
que sobrevino nunca entre mis sueños.

Esa misma porción de realidad
vuelve a ser nuevamente una leyenda.

UNA PLUMA CANORA, UN CANTO ALADO

(*Desaprendizajes*, 2015)

Hay unos pájaros cantando en la velada habitación de los cipreses. No los veo, los oigo con despacio a través del tapiz verdinegro de la fronda. Endulzan la mañana con fragmentos de conversaciones gozosas, rondadoras, complacientes. El paisaje traza una curva áurea entre la arboleda y el mar. ¿Cuánto tiempo ha transcurrido, en cifras legendarias, desde que llegaron hasta aquí esos pájaros de inmemoriales vínculos con la felicidad? Una pluma canora, un canto alado, y la vida era ya un lugar donde los ahondamientos en la melodía de los siglos carecían de término. Por los entresijos matizados de la enramada se intuye la irradiación anegadiza de la plenitud. Músicas disímiles o acordadas, fastuosas o someras, recrean el territorio donde persisten los placeres más apetecidos por inasibles. Mirlos, ruiseñores, tórtolas, petirrojos, no sé si juntos o en sus respectivas reservas tribales, acuden al socaire del jardín y dotan a la mañana de una variante de equilibrio perpetuo que se parece a la justicia. Si semejante alegoría procede de donde no se alcanza a constatar, ¿qué impide suponer que las libertades también son una forma de pacificación humana referida al canto de los pájaros?

5. BORDES DEL SILENCIO

ZEPHYRUM

(*Laberinto de fortuna*, 1984)

(*Ex nihilo nihil.*
Persio, Sátiras, III)

Cero inflexible que regula el sobrante numérico de nada: pretexto fronterizo de la ausencia: su silencio remite a otra pauta más neutra de silencio: magnitud que comienza donde acaba: esa contravención del infinito que oculta una contraria geometría: el vacío es simétrico: su nulidad se nutre de su propia carencia: cifra nonata y número perpetuo: mi negación y mi palabra.

SOLILOQUIO

(*Diario de Argónida*, 1997)

Con paso incierto y no segura
voluntad de vivir,
se acerca el día opaco, macilento,
insustancial, ridículo,
en que todo se acalla,
                  el rescoldo mejor
que ya dejó ese día
precipitadamente
entre un raudal de interferencias
cada vez más presuntas.
                  Ninguna
palabra será ya la palabra
que desmienta al silencio,
ninguna certidumbre
anulará el valor de lo ficticio.

Evocar lo vivido equivale a inventarlo.

AB ORIGINE

(*Manual de infractores*, 2005)

Dentro de cada palabra hay otra
que no se dice nunca, esa confusa
filtración de la luz, ese bosquejo que se precipita
por los despeñaderos de la imaginación.

Dentro de cada palabra hay otra
que amaga la verdad, que neutraliza
la deficiencia de los signos,
que se anula a medida que se emite.

Pertenece a la insania esa palabra
que no se acaba de decir.
                              En vano
tratas de desasirla
de sus desmantelados argumentos, la confundes
con otras que están ya menoscabadas,
que son sólo vestigios
irresolutos del no nombre y sus perpetuas
cicatrices.
                   Ya puedes ser por fin el que querías:
un tenaz legatario del silencio.

A SILENTIO VINDICARE

(*Manual de infractores*, 2005)

La palabra que surca la memoria
polvo será y despojo
mientras viva,
             la palabra más pura
de mi alma
ya estaba destinada a no ser más
que el rastro de las otras que me callo.

(Cicerón, *De oratore*, 2, 7)

NADIE

(*La noche no tiene paredes*, 2009)

Me están llamando
                    ¿y quién responde?

Grave y veraz, la piedra
sigilosa cimenta su mutismo.

Desoye el árbol las invocaciones
erráticas del viento, mientras
sus vacilantes cuencas enmudecen
frente a las desbandadas de la luz.

Como un vaho gravita el anhelante
oficio de estar vivo y en lo hondo
de los drenajes de la soledad
los pájaros silencian sus generaciones.

Me llamo Nadie, como Ulises.
¿Y quién responde?
                    Nadie:
una pared vacía, una página en blanco.

MÍSTICA POÉTICA

(La noche no tiene paredes, 2009)

Piadoso peregrino que vienes caminando desde
    alguna espelunca medio perdida por los
    despeñaderos de la noche
y traes en los ojos como un haz de renglones
    apresuradamente escritos
encima de esa piedra recién despedazada por el
    último cómplice de los depredadores,
¿qué me quieres decir, tú que hablas no más de
    aquello que te callas,
tú que sabes lo arriesgado, lo alarmante que puede
    llegar a ser que se cumplan los deseos, se
    realicen los sueños?
¿Qué pretendes decirme cuando apenas lo haces
    con la más indulgente abreviatura del mutismo?

Mientras ronda la vida alrededor, es a ti a quien
    espero en situación de impávido,
vigilando tal vez que algún signo delate la
    existencia de esa veracidad
o esa luz que lentamente alienta en las solicitas
    escombreras de la ignorancia.

* * *

Me asomo a la noche, a la noche, sima tortuosa,
    cónclave vacío,
y allí estás otra vez según tus más reconocibles
    alianzas con la clarividencia,
susurrando en lo oscuro que quien se considere
    merecedor de la fortuna es más pobre que el
    menesteroso,
porque la ambición que a sí misma se excede acaba
    inhabilitándose en la desertización de la
    felicidad.

Y ya volvía aquella voz a enaltecerse con su más
    persuasiva opción a trascender lo apenas
    sugerido,
sobreponiéndose a todo lo inmediato con estas
    aladas palabras:
dioses perversos te persiguen, vienen a inocularte
    su artera desmemoria, el desaliento,

esa variante ruin de la desgana que acabará
   cambiando en tierra estéril lo poco que te
   queda de tu vieja heredad.

Vi entonces cómo se iban erosionando los aparejos
   de la belleza y las últimas pavorosas asignaturas
   de lo cotidiano,
mientras una especie de quietud ensimismada
   ponía en el paisaje un beatífico sentimiento de
   placidez,
pero tú no te aflijas (me dijo), quédate junto a
   nadie, abandónate en nadie,
no desees nada (me dijo), sólo la dejación, el
   despojamiento,
y así alcanzarás finalmente (me dijo) el perfecto
   estado de la aniquilación.

(Miguel de Molinos)

DE REPENTE NO HAY PÁJAROS

(*La noche no tiene paredes*, 2009)

De repente no hay pájaros.
Desde un boquete gris del duermevela escucho
el sigilo del aire, el cóncavo
baldío del no canto.
                              ¿Dónde clama
la vida, con qué equivocaciones
enmudecen sin más
los insectos, los árboles, las fuentes?

Contemplo ese magnífico
instrumental de la naturaleza,
los sonidos no audibles hacinados
en la parasitaria cerrazón del paisaje.

Ya no soy más que ese silencio
generado en el hueco de un despertar sin pájaros.

BORDES DEL SILENCIO

(*La noche no tiene paredes*, 2009)

Las palabras con las que has convivido
durante tanto tiempo, ¿siguen
sirviéndote de algo? ¿Podrás valerte de ellas
cuando ya los antídotos
contra tu propia decepción
se hayan ido agotando?

Cueva nocturna, música
emborronada, opaco
embate agreste de la luz, herrumbre
de adjetivos que rondan
el marasmo, ¿con qué herida
coincidirán por fin los bordes del silencio?

FRAGMENTO DEL CAPÍTULO DECIMOCUARTO

(*Entreguerras*, 2012)

tengo miedo ahora mismo madre miedo de llegar de no
    poder llegar
tengo miedo de lo acumulativo y lo disperso de no callar
    de estar callado
de la memoria de la desmemoria de lo inminente de lo
    alejadizo
de regresar ya anciano hasta tu vientre madre
de perderme en las equidistancias de todos los pretéritos
y oír allí definitivamente la voz universal que alienta en lo
    más íntimo
la común propiedad en que confluye la voz de cada uno
    madre

me asilo en los amenos territorios nativos donde ya todo
    es póstumo
y dejo en las afueras los artefactos honorables los lastres
    del oficio
tantas y tan efímeras disonancias urdidas con la rabia y
    con la idea
me alejo de mi nombre de inmediato me alejo igual que
    un ala de su aire
o tal vez como el árbol talado sólo para probar la
    solvencia del hacha

cierro las negras puertas de la historia los cartapacios del
    pasado
de todo lo demás no queda nada
apenas el guarismo desigual irrestricto de unas privadas
    entreguerras
el monocorde olvido el tiempo el tiempo el tiempo
mientras musito escribo una vez más la gran pregunta
    incontestable
¿eso que se adivina más allá del último confín es aún la
    vida?

ALREDEDOR DE LA RUTINA

(*Desaprendizajes*, 2015)

Si el derredor se nutre de algazaras, de un minucioso estruendo de motores, tumultos, herramientas, lastres consecutivos, ¿dónde queda el sosegado huerto de la vida, dónde al menos aquel bancal en que crecía la sagrada arboleda del silencio? ¿Y qué vas a hacer tú para inhibirte de esa irrupción de algarabías oriundas de estadios, parlamentos, cuarteles, procesiones? Estás desasistido como un abrigo viejo olvidado en el confín de un parque, abres la turbadora puerta que conduce al otro lado de la soledad y sientes de improviso que se acerca la turbamulta de los desalmados, el ingente tropel imprecatorio, la atronadora descomposición de plásticos, botellas, palanganas. Lo pernicioso es ya una fumarola que gravita en la cima de lo infecto, mientras un estentóreo fárrago coral irrumpe alrededor de la rutina sin que consigas neutralizar sus descalabros. ¿Qué se hizo de aquella complaciente, balsámica comparecencia de la vida, qué de su arcádico sigilo cadencioso? Nadie podrá ser ya lo suficientemente crédulo como para escudarse en la inocencia.

EL SILENCIO QUE OCUPA LA PALABRA

(*Desaprendizajes*, 2015)

La tasación genuina del silencio se convalida expresamente en aquellos espacios donde abundan los depredadores nocturnos. Se oye en tales casos la planta de lana sobre la hojarasca, la frotación de la testuz en el rugoso tronco, el jadeo acongojante por dentro de la noche, el pálpito crepuscular del miedo. Pero hay algo de pronto que supone una cesación, un interludio que viene tan callando a hundirse en la negrura, allí donde se manifiestan las dejaciones de la luz. Mas nunca podrá preverse lo que dura ese espacio de quietud que se asemeja al cenizal tras el incendio de un bosque. El tiempo adquiere a la sazón el valor de una tregua. ¿Lo que se oye, lo que no se oye, pertenece a lo cotidiano o es más bien una equivalencia más de los litigios de la imaginación? El silencio expande mientras tanto sus tentáculos a través de esos reclamos que alteran los remanentes de la realidad y promueven como una suspensión de las fragosidades de la vida. Hay algo en todo eso de retribución consoladora, de páginas en blanco entre cuyos sigilos se desvela la portentosa magnitud de lo que no necesita ser verbalizado. Más que la percepción de la palabra importa el silencio que ocupa.

DEJEMOS HABLAR AL VIENTO

(*Desaprendizajes*, 2015)

La ausencia de pronósticos facilita que el viento se desvíe de su ruta por no usados atajos. Es una compulsión intempestiva que persiste hasta alcanzar esa afanosa concurrencia donde la privación de parapetos propicia el vendaval, tristes liturgias que resuenan de pronto a intermitencias despiadadas mientras se aferran vanamente a los muros ingrávidos del aire. Pero ¿en qué incautas premuras de la sensibilidad ocurre verdaderamente la conversación del viento con el viento? Nunca será azaroso que las desapacibles urdimbres invernales circunden sin aviso la casa en que se hospeda el inocente. No hay desacuerdos entre ese lugar y quien lo habita, pues la intemperie o sus irrevocables inclemencias se acomodan sucesivamente a la vida interior del hospedado. Hay que esperar empero a que vuelva a arraigar en la memoria la borrasca veraz de lo vivido. Dejemos hablar al viento.

BIBLIOGRAFÍA

Caballero Bonald, José Manuel (1952): *Las adivinaciones*. Madrid: Adonais.

Caballero Bonald, José Manuel (1954): *Memorias de poco tiempo*. Madrid: Ediciones Cultura Hispánica.

Caballero Bonald, José Manuel (1956): *Anteo*. Palma de Mallorca: Ediciones Papeles de Son Armadans.

Caballero Bonald, José Manuel (1959): *Las horas muertas*. Barcelona: Colección Premios Boscán.

Caballero Bonald, José Manuel (1963): *Pliegos de cordel*. Barcelona: Colección Colliure.

Caballero Bonald, José Manuel (1974): *Ágata ojo de gato*. Barcelona: Barral editores.

Caballero Bonald, José Manuel (1977): *Descrédito del héroe*. Barcelona: Lumen.

Caballero Bonald, José Manuel (1984): *Laberinto de fortuna*. Barcelona: Laia.

Caballero Bonald, José Manuel (1993): *Descrédito del héroe y Laberinto de fortuna*. Madrid: Visor.

Caballero Bonald, José Manuel (1997): *Diario de Argónida*. Barcelona: Tusquets.

Caballero Bonald, José Manuel (2005): *Manual de infractores*. Barcelona: Seix Barral.

Caballero Bonald, José Manuel (2007): *Somos el tiempo que nos queda (1952-2005)*, Edición aumentada, Barcelona, Seix Barral.

Caballero Bonald, José Manuel (2009): *La noche no tiene paredes*. Barcelona: Seix Barral.

Caballero Bonald, José Manuel (2012): *Entreguerras*. Barcelona: Seix Barral.

Caballero Bonald, José Manuel (2015): *Desaprendizajes*. Barcelona: Seix Barral.